Publicado exclusivamente por
Saint Benedict Press
con la colaboración de:
Creations for Children International, Bélgica
Todos los derechos reservados

Ilustraciones, conceptos y material gráfico © A. M. Lefèvre,
M. Loiseaux, M. Nathan-Deiller, A. Van Gool.
Elaborado y publicado originalmente por:
Creations for Children International, Bélgica. www.c4ci.com
Todos los derechos reservados

Carta introductoria hecha por:
Padre Benedict Groeschel, C.F.R.
Copyright © Saint Benedict Press
Charlotte, NC USA
Traducción: Eliana González Gallagher
Todos los derechos reservados

Historias del Nuevo Testamento
Copyright © C. D. Stampley Enterprises, Inc.
Uso con permiso de: C. D. Stampley Enterprises, Inc.
Todos los derechos reservados

Impreso en China

www. SaintBenedictPress.com

SAINT BENEDICT✝PRESS
Charlotte, North Carolina

BIBLIA
DE MI
PRIMERA
COMUNIÓN

REGALO PARA:

_____

EN EL DÍA:

_____

DE:

_____

Querido hijo/hija:

Hoy es un día muy especial. Toda tu familia al igual que yo estamos llenos de alegría por ti.

Estamos felices porque hoy recibirás un maravilloso regalo, que supera cualquier otro recibido en navidad o cumpleaños. Se te dará el regalo de tener un encuentro personal y muy especial con Jesús de Nazaret.

Yo se que tu has aprendido quien es Jesús de Nazaret. Tu familia y profesores te han enseñado que él es el Hijo de Dios y que es la segunda persona de la Santísima Trinidad. Te han enseñado que Jesús de Nazaret se hizo hombre, como tú y como yo, y que murió por nosotros para que podamos vivir con él eternamente en el cielo.

Sabes por qué lo hizo? Por amor. Jesús de Nazaret te ama a ti, a mí, a tus padres y a tus amigos. El nos ama a todos, incluso a las personas que no le aman. Él nos ama tanto que quiere estar lo más cerca posible de nosotros y es por eso que nos dio el regalo que hoy recibirás. El regalo es la Sagrada Comunión, que es el mismo Jesús.

Cada domingo que vas a misa con tu familia y ves al sacerdote consagrar el pan y el vino, éstos se convierten en Jesús, en su cuerpo y en su sangre.

6

Hoy cuando el sacerdote te de la Sagrada Comunión, tal vez te parezca un simple pedazo de pan, pero no lo es. Es realmente Jesús de Nazaret, que hoy entrará a tu corazón y a tu alma. Cuando recibas la Sagrada Comunión él estará cerca de ti, más que cualquier otra persona.

Hace muchos años, antes de que tu nacieras, incluso antes de que tus padres nacieran, yo recibí este maravilloso regalo por primera vez. Era de tu edad y así como tú en este momento yo estaba vestido con mi mejor traje. Me arrodillé ante el sacerdote con el resto de niños y niñas de mi clase y recibí a Jesús de Nazaret en la Sagrada Comunión.

Recuerdo que me sentí muy cerca de él y recuerdo que quise darle las gracias por venir a mí de esta manera tan especial. Quería ser un buen niño, así, cada vez que Jesús de Nazaret viniera a mi corazón y a mi alma podría ver que lo amaba tanto como él a mí.

Después de este día he recibido la Sagrada Comunión muchísimas veces, pero nunca olvidaré mi primera Sagrada Comunión. Le pido a Dios que tú ames a Jesús de Nazaret por siempre y lo dejes entrar a tu corazón y a tu alma muchas veces.

—Padre Benedict Groeschel, C.F.R.

Un ángel
VISITA A MARÍA

Durante el reinado de Herodes vivía en Galilea, en
la ciudad de Nazaret, una joven mujer. Se llamaba
María y había sido prometida en matrimonio a un
joven carpintero llamado José. Una mañana se
apareció un ángel a María. "No temas, María",
dijo. "El Señor me ha enviado con un mensaje
para ti. Él te ha elegido para honrarte por encima
de todas las mujeres. Pronto darás a luz un hijo,
que llamarás Jesús. Será llamado el Hijo del
Altísimo y su reino no tendrá fin."

"¿Cómo puede ser eso?", preguntó María
asombrada, "¿si soy virgen?" Y el ángel le dijo:
"El poder del Espíritu Santo vendrá sobre ti y
darás a luz al Hijo de Dios."

María inclinó la cabeza y respondió: "Soy la
sierva del Señor, será como lo has dicho."

(Lucas 1:26–38)

EL NACIMIENTO DE JESÚS

Los israelitas que se habían asentado en Judea y Galilea ahora eran conocidos como judíos y Herodes era su rey. Pero el gobernante más poderoso de la región era Augusto, el emperador romano.

Algunos meses después de que José y María se habían casado, Augusto quería saber cuántos de sus súbditos vivían en cada nación. Por este motivo dio la orden de que todas las personas regresaran a su lugar de nacimiento, para firmar un padrón. José y María viajaron a Belén, donde José había nacido.

Pero cuando llegaron, las posadas estaban llenas y tuvieron que alojarse en un establo. Ahí nació Jesús.

Aquella noche un ángel se apareció a un grupo de pastores que cuidaban sus rebaños en los campos. "Os traigo alegres nuevas. Cristo el Señor ha nacido para salvar a la humanidad. Id ahora a Belén y adoradle."

(Lucas 2:1-20)

13

LA VISITA
DE LOS MAGOS

Muy lejos en el Este, unos magos habían visto una nueva estrella en el firmamento. Siguieron a la estrella hasta Jerusalén y llegaron ante el rey Herodes. "Buscamos al niño que ha nacido rey de los judíos", dijeron a Herodes. "Hemos venido para adorarle." Se había profetizado que el rey de los judíos nacería en Belén. Herodes pidió a los magos que le avisaran cuando encontraran al niño. "Porque yo también quiero adorarle", les dijo.

Cuando los magos encontraron a Jesús, se postraron ante él y lo adoraron. Le habían traído preciosos regalos de oro, incienso y mirra.

Aquella noche un ángel llegó en un sueño y advirtió a los magos que no volvieran donde el rey Herodes. Así, regresaron a su país sin pasar por Jerusalén.

(Mateo 2:1–12)

14

LA HUIDA A EGIPTO

Herodes había mentido a los magos, ya que no tenía la menor intención de adorar a Jesús, sino que quería matarlo. Dijo: "Los judíos van a hacer de él su rey, y será más poderoso que yo."

Cuando se dio cuenta de que los magos no iban a regresar, Herodes se enfureció y ordenó a sus soldados que fueran a Belén y mataran a todos los niños menores de dos años. Pero el ángel del Señor se apareció a José en sueños y le previno: "Tu hijo corre peligro. Debes huir y refugiarte en Egipto." José tomó a su familia y abandonó Belén esa misma noche e hicieron una larga jornada hasta Egipto.

Al cabo de algunos años de exilio, oyeron que Herodes había muerto y regresaron a Nazaret.

(Mateo 2:13–22)

EL NIÑO JESÚS EN EL TEMPLO

Todos los años, José y María iban a Jerusalén para celebrar la fiesta de la Pascua. Cuando la celebración terminaba, regresaban a su casa con un grupo grande de amigos y familia.

Cuando Jesús tenía doce años, sus padres se dieron cuenta de pronto que no estaba con ellos. José y María regresaron angustiados a Jerusalén. Temerosos de que le hubiera pasado algo malo, lo buscaron durante tres días. Lo encontraron en el templo, conversando con los sacerdotes y maestros. Jesús había asombrado a todos con su conocimiento y sabiduría.

"Estábamos tan preocupados por ti, hijo mío", le dijo María. Pero Jesús contestó: "No debisteis buscarme. ¿En qué otro sitio podía estar sino en la casa de mi Padre?"

(Lucas 2:41–52)

19

EL BAUTISMO DE JESÚS

Isabel, pariente de María, también tuvo un hijo. Su nombre era Juan y vivía como ermitaño a las orillas del río Jordán. La gente llegaba de toda Judea para oirle predicar y recibir el perdón de sus pecados. Después de que se arrepentían, él los bautizaba en el río; por eso era conocido como Juan el Bautista.

Juan habló a sus seguidores sobre el profeta Isaías, quien muchos años antes había profetizado que les sería enviado un salvador. Algunos pensaban que Juan era el salvador, pero él les dijo: "Yo os bautizo con agua, pero uno más grande que yo os bautizará con el Espíritu Santo."

Siendo joven Jesús, se presento ante Juan, quien lo bautizó en el río. Al salir Jesús del agua, el Espíritu Santo descendió sobre él y Dios habló con potente voz, desde los cielos: "Éste es mi Hijo bienamado."

(Mateo 3:1–17; Marcos 1:1–11; Lucas 1:57–66; Juan 1:19–34)

LOS DOCE APÓSTOLES

Jesús se trasladó a Galilea para difundir la Palabra de Dios. Por donde pasaba, las multitudes se agolpaban para oírle predicar. "El reino de Dios está cerca", les decía. "Es hora de que os arrepintáis de vuestros pecados." Un día, Jesús pasó junto a dos pescadores que estaban recogiendo las redes del mar. Eran Simón y su hermano Andrés. "Dejad vuestras redes y seguidme", les dijo Jesús. "Yo os haré pescadores de hombres."

Simón y Andrés hicieron lo que Jesús les había pedido y se convirtieron en sus primeros discípulos. Más discípulos se le unieron en sus viajes y un día Jesús los juntó a su alrededor. De ellos eligió a doce para que fueran sus apóstoles.

Esos doce fueron Simón (conocido como Pedro), su hermano Andrés, Santiago hijo de Zebedeo, su hermano Juan, Felipe, Bartolomé, Mateo, Tomás, Santiago, Tadeo, Simón y Judas Iscariote.

(Mateo 4:17–22; 10:1–4; Marcos 1:14–20; Lucas 5:1–11; 6:12–16)

LA BODA DE CANÁ

En la ciudad de Caná, Jesús fue invitado a una boda. Los apóstoles fueron con él, y también fue María, su madre.

Al cabo de un tiempo, María vio que el vino se había acabado. Ella le avisó a Jesús y él dijo a los criados que llenaran seis grandes tinajas con agua. "Ahora llenad una copa y llevadla al maestresala." Los criados hicieron lo que Jesús les dijo.

Cuando el maestresala bebió de la copa, se volvió al desposado. "Este vino es excelente. La mayoría de la gente sirve primero el mejor vino y guarda el peor para cuando los invitados están ya bebidos. Pero tú has guardado para el final el mejor vino."

Entonces María, los criados y los apóstoles se dieron cuenta de que Jesús había convertido el agua en vino. Éste fue el primer milagro que hizo Jesús.

(Juan 2:1–11)

EL SERMÓN DE LA MONTAÑA

La Palabra de Jesús se difundía por el país y dondequiera que él llegaba se reunían grandes multitudes para oirle. Sanaba al enfermo y llevaba consuelo al pobre y al necesitado.

Les predicaba del reino de Dios y de cómo podían alcanzarlo. "Los que están enfermos, o hambrientos, o son pobres deben regocijarse, porque ellos recibirán su recompensa en el cielo. Pero los que son ricos y guardan bienes en la tierra no hallarán consuelo allá."

Jesús predicaba compasión, humildad y obediencia a los mandamientos. Cuantos le oían se embelesaban con sus palabras, porque nadie había hablado antes como él.

(Mateo 5:7; Lucas 6:17–49)

LA PARÁBOLA DEL HIJO PRÓDIGO

Jesús solía hablar en parábolas, para que los que venían a oirle pudieran entender más fácilmente la Palabra de Dios. Un día los escribas y fariseos se burlaron de él, pues recibía con agrado a los pecadores. "Un pecador arrepentido causa más alegría en el cielo que noventa y nueve justos que no necesitan perdón", les dijo Jesús.

"Había una vez un hombre que tenía dos hijos", continuó. "El más joven pidió la parte de la hacienda que le correspondía y la malgastó. Cuando se quedó sin nada, decidió volver con su padre y pedir perdón por su conducta. Regresó con humildad a casa y pidió a su padre que lo tratara como a un criado, ya que no merecía ser llamado hijo suyo. Pero su padre convocó a una gran fiesta para celebrar el regreso de su hijo. El hijo mayor estaba enojado, porque había trabajado duramente para su padre pero nunca recibió un trato tan espléndido. "Hijo mío", explicó el anciano, "alegrémonos, porque tu hermano se había perdido y lo hemos encontrado."

(Lucas 15:1–32)

28

EL BUEN SAMARITANO

Un día, mientras Jesús predicaba, un doctor de la Ley se levantó y le dijo: "La Ley dice que debemos amar a nuestro prójimo como a nosotros mismos, pero ¿quién es mi prójimo?"

En respuesta, Jesús dijo: "Viajaba un hombre a Jerusalén cuando unos ladrones le atacaron y lo dieron por muerto. Varias personas vieron al hombre, pero aunque seguían la Ley, no hicieron nada para ayudarle. En vez de eso, cruzaban al otro lado del camino y pasaban de largo.

Pero llegó un samaritano, que era considerado extranjero, ayudó al hombre, trató sus heridas y lo llevó a una posada para que se recobrara. Al otro día tuvo que marcharse, pero dio al posadero dos denarios para que cuidara del herido."

Jesús se volvió al doctor de la Ley. "¿Cuál de esos hombres era un verdadero prójimo?", preguntó. Y el doctor de la Ley contestó: "El hombre que ayudó." "Ve pues y haz tú lo mismo", dijo Jesús.

(Lucas 10:25–37)

LA PARÁBOLA DEL SEMBRADOR

Cuando se había reunido una gran multitud, Jesús les dijo: "Salió un sembrador a sembrar sus semillas. Al esparcirlas, algunas cayeron en el camino y las aves se las comieron. Otras cayeron en un pedregal, y las plantas se secaron sobre el duro suelo. Otras cayeron entre espinas, las cuales crecieron y ahogaron a la planta. Pero otras cayeron en buena tierra y crecieron fuertes y abundantes."

Cuando los discípulos preguntaron a Jesús qué significaba la parábola, les explicó: "Las semillas que caen en el camino son como los que oyen la Palabra de Dios pero no creen. Las semillas que caen sobre el pedregal son como los que oyen pero no perseveran en su fe, y las que caen entre espinas representan a quienes están distraídos por las preocupaciones terrenales.

Pero las semillas que caen en buena tierra representan a aquellos que muestran su verdadera conversión perseverando en su fe y dando el fruto de la obediencia."

(Mateo 13:4–9; Lucas 8:1–15)

JESÚS CURA A UN ENFERMO

Un día unos hombres trajeron a su compañero tullido para ver a Jesús. El compañero era paralítico y lo llevaban en una camilla. Era tal la multitud que rodeaba a Jesús, que los hombres subieron hasta el tejado y, por el techo, bajaron a su compañero hasta donde estaba Jesús.

Cuando Jesús vio cuán fuerte era su fe, sanó al hombre tullido. "Hombre, tus pecados te son perdonados", le dijo. "Toma tu camilla y ve a tu casa."

Otro día un soldado romano se acercó a Jesús cuando éste entraba en una ciudad y le dijo que su siervo fiel estaba muriendo. "Iré con él", dijo Jesús. Pero el soldado contestó: "No te pido que vayas a mi casa, porque no lo merezco. Pero di sólo una palabra y mi siervo será curado."

"Nunca he visto una fe como la tuya", dijo Jesús complacido. "Tu siervo vivirá."

(Mateo 9:1–8; Lucas 5:17–26; Mateo 8:5–13)

JESÚS CAMINA SOBRE LAS AGUAS

Un día Jesús estaba enseñando en un lugar muy alejado. Como anochecía, los apóstoles dijeron a Jesús que despidiera a la gente. "Pronto tendrán hambre y no tenemos nada que darles."

Pero Jesús tomó cinco panes y dos pequeños peces y los partió entre los apóstoles. "Dad este alimento a la muchedumbre." Los apóstoles no sabían qué pensar, pues había mucha gente reunida. Pero hicieron lo que Jesús les dijo. Para su asombro, comieron todos y se saciaron.

Después de este milagro, Jesús se retiró a orar en soledad. Los apóstoles tomaron una barca y se fueron al otro lado del lago, pero se levantó un fuerte viento y sintieron temor de morir ahogados.

De pronto vieron a Jesús caminando hacia ellos sobre las aguas. Estaban asustados, pero Jesús los tranquilizó. "Ven a mí, Pedro", dijo. En cuanto Pedro bajó de la barca, se asustó. "¡Ayúdame, Señor!", exclamó. "Me voy a hundir." Jesús ayudó a Pedro a regresar a la barca y le dijo: "Pedro, ¿por qué has dudado?"

(Mateo 14:13–31; Marcos 8:1–9; Lucas 9:10–17; Juan 6:1–21)

LA TRANSFIGURACIÓN

Jesús, con tres de sus apóstoles, Pedro, Santiago y Juan, fueron a la cima de un monte muy alto. Ahí Jesús se transfiguró. Su rostro resplandeció tan brillante como el sol y sus vestidos se volvieron de un blanco cegador. Los profetas Moisés y Elías aparecieron detrás de él, bañados de la misma luz.

Una radiante nube descendió alrededor de ellos y los apóstoles oyeron la voz de Dios: "Éste es mi hijo amado; escuchadle."

Sobrecogidos de gran temor, los apóstoles se arrodillaron. Jesús se acercó a ellos y les dijo que no temieran. "Ahora debéis regresar. Pero no digais a nadie lo que habéis visto aquí hasta que el Hijo del Hombre regrese de nuevo."

Confundidos por sus últimas palabras, los apóstoles dejaron a Jesús.

(Mateo 17:1–9; Marcos 9:2–13; Lucas 9:28–36)

JESÚS Y LOS NIÑOS

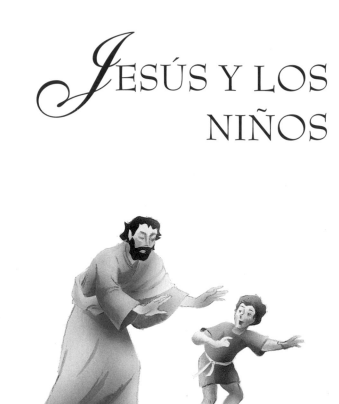

Adondequiera que Jesús iba, había padres que llevaban a sus hijos ante él para que los tocara y los bendijera. Algunos niños pequeños se juntaban alrededor de él mientras predicaba, y todos trataban de acercarse a Jesús.

Los apóstoles, pensando que los niños molestaban a Jesús al acercársele, trataron de apartarlos, pero Jesús los detuvo. "Dejad que los niños vengan a mí. Sabéis que el reino de Dios recibe con satisfacción a los débiles y a los pequeños. Me habéis oído decir esto muchas veces."

Señaló al niño más pequeño que jugaba a sus pies. "Debéis volveros niños y ser como él", dijo a la multitud que le escuchaba. "Sólo con la fe y la sencillez de un niño entraréis en el reino de Dios."

(Mateo 19:13–15; Marcos 10:13–16; Lucas 18:15–17)

LÁZARO

Lázaro, amigo de Jesús, estaba muriendo y sus hermanas, María y Marta, mandaron avisar a Jesús de que estaba enfermo. Pero cuando Jesús llegó a la casa, Lázaro ya había muerto. Marta y María acudieron a recibir a Jesús. "Señor, si hubieras estado con él cuando estaba enfermo", sollozaron, "no hubiera muerto". Ellas llevaron a Jesús a la tumba donde Lázaro había sido enterrado.

"Quitad la piedra que cubre la entrada", les dijo Jesús. Extrañadas, hicieron lo que les había pedido. Jesús levantó su mirada a los cielos: "Padre, sé que siempre has oído mis ruegos. Ahora, permite que todo el mundo vea que yo cumplo tu deseo."

De pie, frente a la entrada de la tumba, Jesús gritó: "¡Lázaro, sal fuera!" Con alegría y gran asombro, la gente observó cómo Lázaro salía de la tumba.

(Juan 11:1–43)

JESÚS ENTRA EN JERUSALÉN

Aunque mucha gente creía ahora en Jesús y en el reino de Dios, él tenía poderosos enemigos. Los príncipes de los sacerdotes y los doctores de la Ley lo veían como una amenaza contra el poder gobernante de Roma. Intentaban tenderle una trampa con preguntas, de modo que pudieran detenerlo por incitar a la rebelión. Y el amor de la gente por él les asustaba.

Cuando la fiesta de Pascua llegó, nadie creía que Jesús iría a Jerusalén. Los apóstoles le rogaron que no fuera. "Seguramente te van a arrestar", le dijeron. Pero no pudieron persuadirle. Montado sobre un humilde pollino, Jesús entró por las puertas de Jerusalén.

Una gran multitud había oído de su llegada y se amontonaban en las calles a su paso. Tendían ramos de palma sobre el camino conforme avanzaba y le alababan como a su Señor. "¡Bendito el que viene en el nombre de Dios!", gritaban.

(Mateo 21; Marcos 11; 12:1–34; Lucas 19:28–48; 20:1–39; Juan 7:25–44; 12:12–19)

LA ÚLTIMA CENA

Jesús sabía que en Jerusalén iba a ser traicionado y que le darían muerte. Así, advirtió a los apóstoles que ésa iba a ser la última fiesta de Pascua que pasarían juntos.

Esa noche, Jesús y sus apóstoles se reunieron en la sala preparada para su cena. Se espantaron cuando les dijo: "Ésta será la última noche que comeré este pan y beberé este vino. Esta noche me detendrán."

Luego tomó pan, lo partió en trozos y lo dio a los apóstoles diciendo: "Éste es mi cuerpo. Lo ofrezco como sacrificio por toda la humanidad. Comedlo en memoria mía."

Luego, llenó un cáliz con vino. "Ésta es mi sangre", dijo, pasándolo a cada apóstol. "Será derramada por vosotros y por todos los hombres. Bebedlo en memoria mía."

(Mateo 16:21–28; 20:17–19; 26:17–30; Marcos 8:31–38; 10:32–34; 14:12–26; Lucas 18:31–34; 22:7–23; Juan 12:20–36; 13:18–21)

LA TRAICIÓN

Jesús sabía que uno de sus más cercanos amigos iba a traicionarle. Judas Iscariote había sido tentado por Satanás y accedió a traicionar a Jesús, a cambio de treinta monedas de plata.

Después de la Última Cena, Jesús fue a orar al huerto de Getsemaní. Al poco tiempo, llegó una turba de soldados dirigidos por Judas. "El hombre al que bese es al que debéis detener", les dijo, y llegó hasta Jesús y le besó. "¿Me has traicionado, Judas?", preguntó Jesús con tristeza. Los demás apóstoles querían luchar para que Jesús pudiera escapar, pero él llegó, con calma, hasta los soldados.

Solo en el huerto, Judas de pronto se dio cuenta de lo terrible de su traición. Clamando con horror, arrojó a tierra con asco las treinta monedas de plata. No podía vivir con la culpa de su traición y se ahorcó.

(Mateo 26:14–16; 26:36–56; 27:1–10; Marcos 14:32–50; Lucas 22:1–6; 22:39–54; Juan 18:1–12)

JESÚS ANTE PILATO

Jesús fue llevado ante el consejo supremo, conocido como el Sanedrín. Ahí cuestionaron duramente sus enseñanzas y le preguntaron si él era el Hijo de Dios. "Sí; vosotros lo habéis dicho", contestó Jesús.

El Sanedrín acusó a Jesús de blasfemia y lo entregó al gobernador romano, Poncio Pilato. Pilato también preguntó a Jesús si él era el rey de los judíos. De nuevo Jesús contestó: "Sí; tú lo has dicho." El Sanedrín exigió que se le condenara a muerte, pero Pilato no veía razón para tanto rigor.

En aquellos tiempos era costumbre liberar a un preso durante la fiesta de la Pascua. Los únicos presos eran Jesús y un ladrón y criminal llamado Barrabás. Cuando Pilato preguntó a quién debía liberar, la multitud escogió a Barrabás.

Pilato intentó razonar con el Sanedrín y la multitud, pero ellos pidieron la muerte de Jesús, tan enérgicamente que al final lo entregó a ellos. Jesús fue sacado para ser crucificado.

(Mateo 26:57–68; 27:11–26; Marcos 14:53–65; 15:1–15; Lucas 22:66–71; 23:1–25; Juan 18:28–40; 19:1–16)

CON LA CRUZ A CUESTAS

En cuanto los soldados sacaron a Jesús del palacio del gobernador, se burlaron de él con crueldad. Lo azotaron, lo abofetearon y, sobre su cabeza, colocaron una corona de espinas.

"¡Salve, rey de los judíos!", se reían.

Trajeron la cruz y Jesús fue obligado a llevarla sobre sus hombros a través de las calles. Los soldados forzaron a un hombre llamado Simón, de Cirene, a ayudar a Jesús a compartir el peso.

Una enorme multitud siguió a Jesús, y muchos de ellos lloraban por él. "No lloréis por mí", dijo Jesús. "Llorad más bien por vosotros mismos y por vuestros hijos, porque hay mucho sufrimiento delante de vosotros."

(Mateo 27:13–32; Marcos 15:21–22; Lucas 23:26–31; Juan 19:16–17)

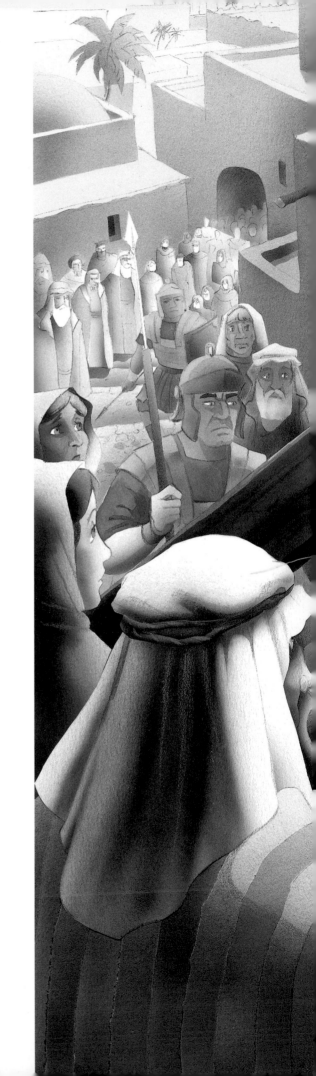

LA CRUCIFIXIÓN

El lugar de ejecución se llamaba Gólgota o Lugar de la Calavera. Ahí los soldados clavaron a Jesús en la cruz y lo crucificaron. Al mismo tiempo fueron crucificados con él dos ladrones.

Encima de la cabeza de Jesús colgaron una inscripción que decía "Rey de los judíos". Los sacerdotes y los doctores de la Ley fueron allí a burlarse de Jesús. "Es el Hijo de Dios", se reían, "y ni siquiera puede salvarse a sí mismo."

Luego de que Jesús estuvo colgado de la cruz durante varias horas, una densa oscuridad descendió sobre la tierra. De pronto, Jesús exclamó: "Dios mío, ¿por qué me has abandonado?" La multitud quedó en silencio, espantada, para ver qué iba a suceder.

Jesús clamó otra vez a Dios, luego su espíritu lo abandonó y murió. En el mismo momento la tierra tembló y el velo del templo se rasgó en dos. Los seguidores de Jesús lo bajaron de la cruz y lo depositaron en una tumba.

(Mateo 27:32–56; Marcos 15:21–41; Lucas 23:26–49; Juan 19:18–42)

La
RESURRECCIÓN

Al cabo de tres días, María Magdalena, una de
sus discípulos, fue a la tumba de Jesús. Para su
consternación, la tumba estaba abierta y el cuerpo
de Jesús había desaparecido. Comenzó a llorar
por su pérdida y un ángel resplandeciente se le
apareció. "No estés triste. Debes alegrarte porque
Jesús ha resucitado de entre los muertos", le dijo.

Luego, una voz la llamó y un hombre estaba de
pie ante ella. Al principio, María Magdalena no
lo reconoció. Luego, para su inmensa sorpresa
y regocijo, sus ojos se abrieron y reconoció en
él a Jesús.

Llena de pavor y confusión, corrió a la ciudad
para avisar a los demás discípulos. Aunque Jesús
les había dicho que el Hijo de Dios debía morir y
luego resucitar, ellos no lo habían creído.

(Mateo 28:1–10; Marcos 16:1–11; Lucas 24:1–12;
Juan 20:1–18)

LA APARICIÓN

Más tarde, el mismo día, Jesús se apareció a dos de sus discípulos, mientras éstos caminaban a Emaús. Ellos no lo reconocieron, pero lo acogieron como compañero de viaje. "Estábamos justo hablando acerca de Jesús de Nazaret", le dijeron. "Esperábamos que él hubiera sido el salvador de los judíos, pero el Sanedrín lo capturó y lo crucificó. Algunos afirman haberlo visto salir de su tumba, pero eso no puede ser cierto."

Jesús los reprendió por su falta de fe. "¿Acaso no se había profetizado que el Hijo de Dios había de morir para luego resucitar?", les preguntó. Asombrados lo reconocieron, pero él desapareció delante de ellos.

Esa misma noche Jesús se apareció a los apóstoles. Ellos no creían que había resucitado y estaban asustados, pensando que se trataba de un fantasma. "Tocadme", les dijo. "Ved las heridas en mis manos y en mis pies. No soy un fantasma."

(Marcos 16:12–14; Lucas 24:13–48; Juan 19:30)

La
ASCENSIÓN

Los apóstoles subieron al Monte de los Olivos, en donde habían orado una vez con Jesús, y ahí se les apareció por última vez. "Debéis estar preparados", les dijo. "El Espíritu Santo vendrá pronto sobre vosotros. Ese día debéis salir y predicar la Palabra de Dios a todas las naciones. Debéis enseñar a la humanidad todo cuanto habéis visto y aprendido mientras estuve con vosotros."

Luego, Jesús bendijo a los apóstoles, quienes se inclinaron en señal de adoración. Se elevó en el aire, llegó a una nube y ascendió al cielo, para sentarse a la diestra de Dios.

Y tal como Jesús lo había dicho, el Espíritu Santo descendió sobre los apóstoles y les dio fortaleza y sabiduría para salir y predicar la Palabra de Dios.

Por dondequiera que viajaron, muchos oyeron, muchos creyeron y muchos se salvaron, tal y como Jesús había profetizado.

(Mateo 28:16–20; Marcos 16:15–20; Lucas 24:44–53; Juan 20:21)